EMMANUEL HOCQUARD (1940–2019) was born and
raised in Tangier. He was the author of more than twenty
books in his native French, many of which have been translated
into English, including *The Invention of Glass* (translated by
Cole Swensen and Rod Smith), *Conditions of Light*, *A Test of
Solitude: Sonnets, & Personae, Codicil and Plan for Pond 4,
This Story Is Mine: Little Autobiographical Dictionary of
Elegy, Theory of Tables*, and *Aerea in the Forests of Manhattan*.
He also translated the work of Paul Auster, Michael Palmer,
and Charles Reznikoff into French. He was the founder and
director of Un bureau sur l'Atlantique—an association whose
mission is to deepen conversation between French and
American poets.

COLE SWENSEN is the author of twenty books of poetry; a
collection of hybrid poetic essays, *Art in Time*; and a volume of
critical essays, *Noise That Stays Noise*. A former Guggenheim
Fellow and a recipient of the Iowa Poetry Prize and the San
Francisco State Poetry Center Book Award, she also translates
poetry and art criticism from French and has won the PEN
USA Award in Translation, the 2024 ALTA National Transla-
tion Award, and the 2025 Stephen Mitchell Prize. She divides
her time between France and the United States.

Emmanuel Hocquard

Elegies

TRANSLATED FROM THE FRENCH
BY COLE SWENSEN

NYRB/POETS

 NEW YORK REVIEW BOOKS   *New York*

THIS IS A NEW YORK REVIEW BOOK
PUBLISHED BY THE NEW YORK REVIEW OF BOOKS
207 East 32nd Street, New York, NY 10016
www.nyrb.com

The Persian scholars Ghazal Mosadeq and Mohammad Sharifi and the
Hocquard scholar Mark Hutchinson have identified Hocquard's reference
to Mosleh od Dîn on page 66 as the thirteenth-century Persian poet Sheikh
Abu Mohammad Mošarref ah-Din Mosleh, commonly known as Sa'adi.
Researching the quotation on page 133 ("it works it works"), Alex Andriesse
discovered that it comes, at least in part, from Jean-François Champollion's
"Letter to M. Dacier concerning the alphabet of phonetic hieroglyphs,"
composed September 14, 1822.
—*Cole Swensen*

Library of Congress Cataloging-in-Publication Data
Names: Hocquard, Emmanuel author | Swensen, Cole, 1955– translator
Title: Elegies / by Emmanuel Hocquard; translated from the French by Cole
   Swensen.
Other titles: Élégies. English
Description: New York: New York Review Books, 2025. | Series: New
   York Review Books poets | Identifiers: LCCN 2025024931 (print) | LCCN
   2025024932 (ebook) | ISBN 9781681379920 paperback | ISBN 9781681379937
   ebook
Subjects: LCGFT: Poetry
Classification: LCC PQ2668.O214 E4413 2025 (print) | LCC PQ2668.O214
   (ebook) | DDC 841/.914—dc23/eng/20250530
LC record available at https://lccn.loc.gov/2025024931
LC ebook record available at https://lccn.loc.gov/2025024932

ISBN 978-1-68137-992-0
Available as an electronic book; ISBN 978-1-68137-993-7

Cover and book design by Emily Singer

The authorized representative in the EU for product safety and compliance
is eucomply OÜ, Pärnu mnt 139b-14, 11317 Tallinn, Estonia,
hello@eucompliancepartner.com, +33 757690241.

Printed in the United States of America on acid-free paper.
10 9 8 7 6 5 4 3 2 1

Contents

Elegy 1

1

L'automne vint dans la nuit du cinq août,
Probablement avec les premières clartés du matin,
À l'heure où le ciel se couvre de sel
Et bascule dans un infranchissable présent
En marge du sommeil.

Sur ces courts espaces sans illusion,
Plus anciens que le petit jour de n'importe quel été
Où l'on pouvait penser qu'allaient cesser les va-et-vient
Et qu'il a pourtant fallu mettre tant d'années à situer
Comme le moment précis où la rivière est vraiment rivière,
Le temps n'a rien modifié—au contraire—
Sinon ravivé dans les veines indifférentes
Le ressac des premières discordances.

Elle n'a pas sa place ici la mesure
Que prend du voyage le marchand,
Tailleur-boutiquier habitué des docks,
Une fois assurée la cargaison de toile ou d'huile
Dans ce port-ci et dans ce registre-là
—oui, là, le noir, à portée de la main, voilà—
Au rythme des grues de fer jaunes et des palans.

Très vieux spectacle encore intelligible
Et cependant si nouveau en quelque sorte.

Et là cependant, là il faut bien reconnaître
        que le temps n'aura rien usé.
Tout est au contraire toujours terriblement
        intact.

1

August 5: Autumn arrived during the night,
Most likely with the first glimmers of dawn,
That hour when the sky is covered in salt
And tumbles down into the insurmountable now
On the edges of sleep.

Of these brief spaces, largely dreamless,
Much older than the early hours of any summer
When you'd think all restless pacing would stop
And yet it took so many years to locate it
Precisely, like the moment that the river becomes really river,
Time changed nothing—on the contrary—
Just revived the receding waves of initial discord
In indifferent veins.

But there's no place here for the merchant
To take the measure of his travels,
Tailor-trader, hanging around the docks,
Once he's checked a shipment of oil or cloth
Here in this port, there in that log
—yes, that's it, the dark one, there within reach, there it is—
To the rhythm of huge cranes, their tackle and block.

Such an old spectacle still intelligible
And yet somehow so new.

However, there you have to admit
    that time has worn nothing out.
No, in fact, everything is terribly
    intact.

Qui viendrait parler de se souvenir?
Puisque c'est ici, non ailleurs;
Maintenant et ainsi,
Ni avant ni jamais autrement. Par exemple
    un matin de septembre...

Mais le temps n'est pas la question.

Who would come back to reminisce?
Because it's here, nowhere else;
Now and thus,
Neither before nor ever other. For example
   one morning in September...

But time is not the question.

2

Depuis que nous avons laissé dormir le vieux maître d'école
Dans l'ombre des arbrisseaux verts
    ou les roseaux (cimetière d'une mésange)
—Ce qui devint un jour tout à fait nécessaire
Car de telles dispositions d'esprit
    conduisaient tout droit aux âpres nostalgies—
C'est autre chose qui flotte sous la lampe
    et ceci:

Quelque chose à élucider pour de bon
En dépit de l'odeur du pétrole et de la terre mouillée
    dans les boîtes en fer
Où fleurissaient de pauvres gueules-de-loup
(Allusion, je pense, à la baraque en planches
Du loueur de bicyclettes que vous croisiez le soir
    sur le chemin du retour;
Ou peut-être aussi, quoique dans de tout autres circonstances,
À l'argenterie pour le thé servi sous le faux-poivrier)...

Non, çà et là c'est encore un peu du silence
    ou du bruit qu'elle laissait, la mer
Vertigineuse, menant droit au tapis odorant
    des aiguilles de pins.

À qui dire de regarder? Regarde pourtant
Ce coin de terre mi-désolée, mi-souriante,
Cette sorte d'aurore qui ruisselait entre les feux
    (petits chênes et charbon de bois)
Là où assurément il ne s'est jamais rien passé
    d'autre

2

Since we let the old schoolmaster sleep
In the shade of the greenery
        or reeds (the cemetery of a chickadee)
—What became one day so necessary
Because such states of mind
        lead straight to bitter nostalgia—
It's something else that floats beneath the lamp
        and this:

Something to solve once and for all
Despite the smell of gas and damp earth
        in iron planters
Where scrawny snapdragons bloomed
(An allusion, I think, to the wooden shack
Of the man who rented bicycles; you passed him every evening
        on your way home,
Or perhaps, though in different circumstances,
To the silver for the tea served under the peppertree)...

No, a bit of silence still reigns here and there
        or the sound it left, the sea,
Vertiginous, leading straight to the pine needles'
        scented carpet.

To whom to say *look*? Look
At this half-sad, half-smiling corner of earth,
The kind of dawn that ran between fires
        (small oaks and charcoal)
Where clearly nothing
        has ever happened

Que la pluie en hiver et la fécondité
          du figuier,
Sans parler des naissances et des décès
          irrévocablement perdus pour l'histoire.

À présent, je la tiens sous mon regard
          la distance
Fixe comme le cri que jette derrière elle
Une buse s'abandonnant à la surprise ascensionnelle.
Quelque part une rue se remplit de soleil
Et vous savez par là que la mer, entre les géraniums,
          est à la pointe bleu calciné de la ville,
Sombre scintillement contre le dos des ânes
          de la clinique vétérinaire.

Tu peux venir. Puisque tu ne seras jamais
          autrement.
Ensemble nous fumerons des cigarettes à la menthe
En regardant partir le deuxième ferry-boat.
Après cela nous verrons bien.

But winter rain and the fig tree
    flowering,
Not to mention the births and deaths
    lost forever to history.

For the moment, I keep the distance fixed
    in my eye like the cry that a vulture
Tosses back over its shoulder
    as, startled, it's swept suddenly upward.
Somewhere a street was flooded with sun
And looking down it, the sea, between
    geraniums at the city's peak of burned-out blue,
Sparkled darkly behind the donkeys
    at the veterinary clinic.

You can come. Because you'll never be
    otherwise.
Together we'll smoke menthol cigarettes
As we watch the second ferry leave.
And after that, well, we'll see.

3

Mais voilà

Le vieux maître d'école, après tout, ne s'est peut-être
      pas encore montré,
Et il faudra bien alors se décider à redescendre
      au jardin pour tenter d'y voir plus clair;
      Même si le jardin n'offre plus à présent
      —carapace vide d'une tortue de mer géante—
Qu'une nudité permanente d'espaces erodés.

Et jusque-là, quelles réflexions opposer au silence?

Ce caquetage de poule furieuse devant un mur blanc
      —quelque chose de primesautier dans le ton
      pour les sujets graves,
Et un air pénétré, entre amis, pour s'entretenir
      de futilités—
Ne m'ôtera de l'esprit, non vraiment,
L'idée qu'un drame avait eu lieu.

Pourtant l'enfant que vous avez retrouvé
(Souriant orgueilleusement sur cette ancienne photographie
Alors que vous le pensiez songeur)
Était déjà cet imbécile plein de lui-même
Faisant sa cour a une vieille tante très guindée
Pour un œuf d'autruche, et si possible la paire.

Tout cela souligne sans ménagement
L'affaire que nous avons sur les bras...
Et je ne sais plus très bien quelles paroles

3

But there you have it

The old schoolmaster hasn't shown up
    after all,
So we'll have to give in and go back down
    to the garden to get a better view,
Even if the garden now offers nothing more
—empty shell of a giant sea turtle—
Than permanently naked eroded spaces.

And until then, what thoughts might oppose the silence?

This hen clucking furiously by the white wall
—something impulsive in the tone
    when the subject turns serious,
And a penetrating air, between friends, talking
    trivialities—
Can't get it out of my mind, not really,
The sense that something dramatic has happened.

Yet the child you found
(Smiling proudly in that old photograph
Though you thought him a dreamer)
Was already this self-important dolt
Paying court to a stuffy old aunt
For an ostrich egg, and if possible, two.

All this bluntly points
To the case we have at hand...
And I no longer know what words

Constitueraient le commentaire approprié
À ce beau projet artistique.

Et vous qui vous imaginiez peut-être
Qu'en vous penchant par la fenêtre
Vous verriez, comme ça rien qu'en le faisant,
    l'herbe, le cap, les pêcheries,
Simplement parce que depuis des années
Vous berciez dans votre dos la momie
    de ce rêve fou.

Could properly address
This stunning artistic project.

And you who may have imagined
That by leaning out the window
You could see, just by that gesture,
        the fields, the cape, and the fisheries
Simply because for years
You've hauled on your back
        the ghost of this unlikely dream.

4

Si quelque chose a jamais mérité de laisser
Après tant d'allées et venues
Une trace aussi persistante,
Comment se fait-il que vous ne sachiez plus
  du tout
Ce qui vous déroutait ainsi?

Au croisement de quelle rue et de quelle autre rue
Reste-t-il quelque chose d'assez précis pour justifier
Après tant d'allées et venues cette investigation
  hasardeuse,
Mélange étourdissant d'éden et de peine réelle
  (pensée pour la pierre sur laquelle le savetier
  redressait de vieux clous).
Personne ne se méprendrait à ces symptômes alarmants,
Mais cette fois-ci il faudra résolument passer outre
Aux conseils raisonnables des professionnels de l'art,
  et hiverner là sans savoir,
—Même avec l'idée de forcer un matin le passage—
Et patienter encore jusqu'à la saison
  des grandes pluies.

En attendant cette nouvelle tranche des travaux
Je resterai avec les canons de bronze
  pointés vers le large,
Et peut-être la gêne d'être resté ainsi
Étranger si longtemps à toute chose.

Très loin du port et de tout,
À l'heure où les cafés commencent à se peupler
  d'hommes sans âge

4

If anything ever deserved
After so much back and forth
To leave such a strident trace,
How come you no longer
    know
What confused you so?

At the intersection of road X and road Y
After so much back and forth, is there anything left
Precise enough to justify this risky
    inquiry,
Dizzying blend of paradise and true pain
    (thinking of the stone on which the cobbler
    aligned the old nails).
No one could miss the alarming symptoms,
But this time we've got to override
The art pros and their reasonable advice
    and spend the winter there not knowing,
—Even thinking of forcing our way through one morning—
Holding on until the great
    rains come.

While waiting for the project's next stage
I'll stick with the big guns
    pointing out to sea,
And remain awkwardly
And indefinitely estranged from everything.

So far from the port and all the rest,
Just when the cafés are filling up
    with ageless men

Mais rendus confiants par une dent en or
        dans leur bouche,
Entre le marbre gris des tables et les miroirs
        lavés au blanc d'Espagne,
Ceux du café, les hommes de la pénombre
        sans famille apparente,
N'existent que par le bruit de leurs voix
        et le bruit de leurs verres
Et jamais aucun d'eux ne mourait
—manière librement exemplaire de n'avoir pas
        à penser à demain.

Made cocky by a gold tooth
     in the mouth,
Between the gray marble tables and the mirrors
     washed with whiting,
Those in the cafés, those men in the shadows
     with no apparent families,
Living only off the sound of their own voices
     and that of their glasses
And none of them ever died
—a perfect example of not
     having to think about tomorrow.

5

Bien que n'ayant jamais tout à fait renoncé
    à plaire,
Nous sommes finalement restés cachés.
En un sens bien nous en prit,
Car pour nous qui nous étions embarqués
        clandestinement au coucher du soleil,
Comme cela aurait paru peu vraisemblable
—même avec des accents de bonne foi—
De chercher à dissiper dans la conscience
        des passagers de première classe
Je ne sais quelle mystification du système en place.

Nous nous trouvâmes un certain nombre
        de circonstances atténuantes
Telles que, par exemple, une estimation excessive
        de latitude,
Alors que dans les coursives du pont supérieur
Les passagers rêvaient de la terre ferme
Et de spéculations immobilières entretenues
Tant bien que mal depuis le dernier incendie de Rome
        ou celui de Carthage
—ce dernier si définitif qu'il y eut un moment de silence
Avant de se séparer sur un dernier verre.

Ceux-là non plus n'avaient finalement rien trouvé d'autre
Que le bruit de leurs voix et le bruit de leurs verres;
Aucun d'eux non plus ne mourait jamais,
—même manière librement expressive d'éviter
        d'envisager le lendemain.

5

Although we never entirely gave up trying
  to please,
For the most part, we stayed hidden.
And in a way, we took it well
Because for those of us who had set off
  secretly at sunset
How odd it would have seemed
—even in good faith—
To try to mystify the system in place
  in the minds
Of the first-class passengers.

We managed to come up with
  a number of extenuating circumstances
The latitude had been
  badly calculated, etc.
While in the salons of the upper deck
The passengers dreamed of dry land
And of real estate speculations made
For good or bad since Rome last burned
  or Carthage
—the latter so final that there was a moment of silence
Before we parted over a last drink.

And they, too, had finally found nothing more
Than the noise of their voices and the noise of their glasses;
And none of them ever died either,
—same freely expressive way of avoiding
  having to imagine the following day.

Elegy 2

1

. . . . mais non,
Rien n'aurait changé et tout serait encore
Exactement comme vous l'aviez laissé,
Exactement comme vous l'aviez trouvé
(Cela méritait-il le travail de tout un été?)

Une (jeune) fille arabe ou juive avait un jour
        trouve un bijou d'or (la moitié d'un anneau);
        Depuis, les enfants de passage
Fouillent le même sol raviné par les pluies de l'hiver
        —l'argile qui pèse sur les tuiles de terre
        emboîtées là, dans l'ombre de la falaise,

        là-bas. . . . . autant dire à présent
Ici, en traversant les champs. . . . .

        Le temps d'une cigarette pour le fossoyeur
        de la troisième tranchée
Qui a brisé un crâne avec l'extrémité de sa pioche.

. . . .

Pelles, paniers, terre, terre, pierre
        et die...une photographie,
Trous, tombe à moitié ouverte, vaisselle familière, os,
        os, os, os, os,
Crânes (1 seul mais parfois 2 par tombe) une monnaie verte
        dans la bouche
        —épi de blé ou grappe de raisin
Et la barbe bouclée d'un dieu (à moins que ce ne soit
        celle d'un général punique).

1

. . . . but no,
Nothing would have changed and all would still be
Exactly as you left it,
Exactly as you found it
(Was it in fact worth a whole summer's work?)

One day a (young) Arab or Jewish girl
        found a piece of gold jewelry (half a ring);
        Ever since, passing children
Search through that same dirt, riven by winter rains
        —the clay that weighs on the terracotta tiles
        stacked there in the shadow of the cliff,

        over there. . . . . which is to say now
Here, crossing the field. . . . .

        The time it takes the man digging the third trench
        to smoke a cigarette
He who cracked open a skull with the tip of his pick.

. . . .

Shovels, buckets, earth, earth, stone
        and click: a photo
Trench, half-open tomb, old crockery, bone,
        bone, bone, bone, bone,
Skulls (1 alone but sometimes 2 per tomb) a green coin
        in the mouth
        —ear of wheat or bunch of grapes
And the curly beard of a god (unless it's that
        of a Punic general).

À la fin de l'été il avait pourtant fallu renoncer
à cause des pluies et par crainte des moustiques,
Non sans avoir préalablement fait prendre,
    depuis un petit avion de l'aéroclub,
    des photographies de la nécropole.

. . . .

Quelques vases recollés, des urnes de plomb, des monnaies
    (enfin, la plupart des monnaies)
Sans compter une bonne douzaine de lacrimatoires irisés
    et le reste que j'ai oublié,
    Le tout fut disposé dans des vitrines.

. . . . . tout fut aligné sur des tablettes de verre
    derrière des étiquettes probablement précises,

peu après que l'Administration de la Zone Internationale
    eut fait remblayer—définitivement dit-on—
    pour des raisons d'hygiène publique
les tombes, les tombes, les tombes de la falaise.

But by the end of summer it had to be abandoned
  due to rain and the endless mosquitoes
Though not without having aerial photos
  of the necropolis taken
  from one of the aeroclub's small planes.

. . . .

Some reconstructed vases, lead urns, coins
  (in fact, mostly coins)
Not to mention a good dozen or so iridescent jars of tears
  and the rest, which I've forgotten,
  All of it arranged in showcases.

. . . . . all of it lined up on glass shelves
  behind labels that were probably correct,

shortly after the Administration of the International Zone
  had filled in—definitively, they said—
  for reasons of public hygiene
the tombs, the tombs, the tombs in the cliff.

2

Les vieilles années se sont bien tassées
    comme la terre dans un trou,
Et peu à peu les lieux communs ont pris toute la place
    libre
    avec un certain nombre d'idées abandonnées:
Hérodote a quitté Samos et regagné Halicarnasse
    pour venger un ami;
Ts'in che Houang-ti a fait brûler archives et livres
    et tenté de redresser l'écriture

. . . .

    Le fossoyeur a jeté son mégot dans la mer
    par-dessus la falaise,
Sa grande patte terreuse aux phalanges terreuses,
    aux ongles durs,
Posée sur le crâne encore à moitié enchâssé
    dans la glaise

. . . .

(spectacle de la main sur ces ossements si contemporains
    de la terre et de la main)

L'anticyclone centré près de l'Islande s'étant décalé
    vers les îles britanniques;
L'air froid qu'il dirigeait sur sa face orientale
    avait lentement envahi le pays.

Quant aux vents, faibles à modérés, ils soufflent
    toujours.

2

The old years are well packed down
    like dirt in a trench,
And little by little, common places have overtaken all free
    space
    with a certain number of discarded ideas:
Herodotus left Samos and went back to Halicarnassus
    to avenge a friend;
Qin Shi Huang had the books and archives burned
    and tried to standardize the script

. . . .

    The gravedigger threw the end of his cigarette
    over the cliff and into the sea,
His big dirty hand with its dirty fingers
    and hard nails,
Posed on the skull still half buried
    in clay

. . . .

(spectacle of the hand on these bones the same age as
    the dirt and the hand)

As the high-pressure system centered off Iceland shifted
    toward the British Isles,
The cold air it had driven eastward
    slowly took over the country.

As for the winds, mild to moderate, they're still
    gusting.

3

       peuc   peuc   peuc   peuc

le moteur à un cylindre d'une barque dans le détroit

3

pfft   pfft   pfft   pfft

the one-cylinder motor of a boat in the strait

4

Ce soir les barques reprendront la mer.
Voilà.
Vaisseaux légers qui ne laisseront pas de trace
(non moins que la quinquérème de Ptolémée)
        haute mer
        pleine mer

pourtant...eu égard aux dieux solitaires
    et à la réputation de Pergame...
Mais à quoi bon, n'est-ce pas, puisque nous savons bien
    ce qu'il advint de l'acropole
        (haute mer
        pleine mer de terre et de pierre,
    qui recrache tant d'épaves sous la pelle
        avec les os, le verre, le bronze)

    Bateaux légers et lourds vaisseaux
Tout va au fond, tout sonne sous la pioche...
Tombes sans fleurs, sans croix, sans allées ni chemins
    tracés

    Et même l'anecdote qui vous faisait peur
    elle n'a plus cours (foutue, complètement foutue)
avec les écriteaux qui disaient: ici la forêt et là le port
    ou le palais;

Et surtout l'anecdote qui vous faisait horreur
    elle va au fond
    tête en bas dans la mer

4

This evening the boats head back out to sea.
Just like that.
Light vessels that will leave no trace
(no less than Ptolemy's quinquereme)
        high sea
        open sea

and yet . . . as for the solitary gods
    and the reputation of Pergamon . . .
But what's the point, really, given that we all know
   perfectly well
     what happened to the Acropolis
         (high sea
         open sea of earth and stone
   the shovel turning up so much wrack
        along with glass, bronze, bone)

   Light boats and heavy ships
All fall to the bottom, all ring under the pick . . .
Tombs with no flowers, no crosses, and no marked paths or
   tracks

   And even the story that so frightened you
    it's lost its power (it's over, all over)
with the signs that point: here to the forest; there to the port
   or palace,

And above all, the story that horrified you
    it falls to the bottom
    head down in the sea

Voilà.
Tout franchit *le silence et le bruit*,
cette amour-ci et cette séance au Sénat,
et la pluie le long des parois taillées dans le roc.

Hautes roches
pleines roches pétries
de pierre, de terre et d'os
avec les mots qui les ont désignés

le tout bien tassé au fil des jours.

Just like that.
It all crosses the threshold between *sound and silence*
this love and that session of the Senate,
and the rain running down the walls of carved stone.

High rocks
solid rocks molded of mixed
stone, bone, and dirt
along with the words that referred to them

packed down with the passing days.

5

Son père avait été un modeste tailleur
    (une précision étrange et nuance de mélancolie)
... est une jeune fille à l'air rêveur
—attitude indolente et détails d'architecture—
    la même année sans doute
et probablement par la volonté de Laurent lui-même
    (l'année des orange et des violets)
et probablement par la volonté de Laurent le Magnifique
    ... d'une finesse extrême, le regard
    perdu "en un rêve intérieur,"

    fille et femme de rois
    mère de roi (enfant au visage bien lavé
             dalles brillantes
             poules et machine à coudre)

    L'orgueil de la famille
    avait résisté même à l'eau de Javel:
    liseron et tôle ruisselante.

Ancien peuple dissous, gens d'expérience,
    vous qui n'aviez pas de questions
    entre les champs et le ciel haut.

5

Her father was a modest tailor
    (a strange precision and tinge of sadness)
…is a young woman with a dreamy air
—indolent attitude and architectural details—
    no doubt the same year
and probably because Lorenzo himself had willed it
    (the year of oranges and violets)
and probably because Lorenzo the Magnificent had willed it
    …extremely delicate, the glance
    lost "in an inner dream,"

daughter and wife of kings
mother of a king (child with a well-washed face
               gleaming flagstones
               chickens and a sewing machine)

    The pride of the family
    had resisted even bleach:
    bindweed and dripping tin.

An old and noble people, now disbanded,
    you who had no questions
    between fields and clear skies.

6

Un long quadrilatère étiré d'est en ouest,
des étés torrides, des hivers pluvieux.
    ☐   forêt
    ☐   steppe
    ☐   désert
    ☐   forêt dégradée
    ☐   zone cultivée sans irrigation

à perte de vue, 7 milliards pile de cailloux gris

🌴 palmeraie

Voilà. Un hiver à Provins (Seine & Marne)
    tout près d'un petit bois de pins
    cimetière d'objets indestructibles:
frigidaires, bidons, heaumes, journaux du soir
    (GUERRE ÉCLAIR—PRIX SACRIFIÉS—LE SIRE EST
RENTRÉ DE CROISADE ET LE CHEMIN DE RONDE A
BESOIN D'ÊTRE DÉSHERBÉ),
le givre conférant à ce vieux pull over
    abandonné sur une branche basse
    prestige et raideur d'une cotte de maille
pour un chevalier défenseur du Comté de Champagne;
    (celui-là, il est vrai, s'en fut allé
pisser loin des remparts, face à la côte d'Île-de-France,
    au cœur d'un bois de pins,
    et trépassa).

. . . . mais la légende dit encore:

6

A long quadrilateral stretched from east to west,
torrid summers, winters of rain.
- ☐ forest
- ☐ steppe
- ☐ desert
- ☐ graded forest
- ☐ zone cultivated without irrigation

as far as the eye can see, a pile of precisely 7 billion gray stones

🌴 palm grove

Voilà. A winter in Provins (Seine & Marne)
    close to a small pine wood
    cemetery of indestructible objects:
fridges, tin cans, jousting helmets, evening papers
    (BLITZKRIEG—ROCK-BOTTOM PRICES—THE SIRE
HAS RETURNED FROM THE CRUSADE AND THE
RAMPARTS NEED WEEDING),
frost giving an old pullover
    left hanging on a low branch
    the rigidity and prestige of a coat of mail
for a knight fighting for the kingdom of Champagne;
    (who, it's true, went off
to take a pee far from the ramparts, on the Île-de-France side,
    deep among the pines,
    and died).

. . . . but the legends still say:

- [ ] maïs
- [ ] betteraves
- [ ] forêt de chênes
- [ ] ferme forteresse (1 litre de lait: 52 centimes)
- [ ] glaisière (Arabes travaillant dans les mines de glaise)
- [ ] église romane

- [ ] corn
- [ ] beets
- [ ] oak forest
- [ ] fortified farm (1 liter of milk: 52 cents)
- [ ] clayers (Arabs working in the clay mines)
- [ ] Romanesque church

7

. . . .

À présent nous voici au cœur de l'hiver
Un lieu doublement enfoncé dans (effacé de) l'histoire
        Tout juste un point cartographique
        pour cigognes et vent d'est
        sur les plages (les plages)
        les champs d'iris (les bosquets d'arbres morts)
        les jours de pluie.
        Ô chère tête aux cheveux noirs
        Exactement là où nous avions commencé.

7

. . . .

And now here we are in the heart of winter
A place doubly entrenched in (erased from) history
    All just a point on a map
    for storks and the east wind
    on the beaches (the beaches)
    the fields of iris (the groves of dead trees)
    the days of rain.
    Oh dear head of black hair
Exactly there where we began.

Elegy 3

1

Voici l'homme

        dans l'immobilité héraldique des choses
        périmées
            aubépine
            rossignol
            lait de chèvre
son histoire desséchée
        engloutie dans le ventre des animaux sacrés
        les mains de l'embaumeur
            le jardin
(est) un jardin d'hiver
            sycomores
            tétradrachmes
            dauphins de Syracuse
Voici l'homme
        écoutant racler la limaille de fer
dans le fond de ses veines
        et pleure
        montant une garde triomphante
            sous les murs vides
        "Je suis un gars de sang barbare
        je n'entends rien aux chants des Han"
à moins d' appeler un château
        cette hutte en pierre sèche
        abandonnée et mon amour
            un cimetière discipliné

1

Behold the man

        in the heraldic stasis of things
        expired
            hawthorn
            nightingale
            goat's milk
his withered history
        engulfed in the bellies of sacred animals
        the embalmer's hands
            the garden
(is) a winter garden
        sycamores
        tetradrachms
        dolphins from Syracuse
Behold the man
        listening to the iron filings scraping
along the bottom of his veins
        crying
        as he stands guard, triumphant
            at the base of a blank wall
        "I'm a child of barbarous blood
        and can't hear the songs of the Han"
unless you want to call this forsaken stone hut
        a castle
        and my love
            a graveyard in good order

2

Grand'mère blatte salut!
je te lègue du pain blanc
ainsi que ma bibliothèque
                 avec trois bananiers stériles mais
                          bons pour l'ombre
ainsi que les navires creux des Achéens
                 et toute ma tendresse
                          en sus du catalogue

                 tu feras
bon usage de ma science car tu comprends
                 (mon cœur fou)
                 toi dont l'expérience
est inscrite dans l'écorce terrestre
                 Grand'mère blatte écoute!
                 le saule fragile supporte mieux
que le saule blanc les terres fortes et froides

                 Écoute encore:
et si le vent avait chassé des quantités de feuilles
                 par paquets mouillés
                          et des pierres
sous le ventre-léopard des arbres dans la tempête,

jamais plus n'atteindront sous sa robe les baisers
                          son corps maigre

                 Oh! grand'mère blatte *et*
de l'autre bord du fleuve je me découvre et te salue
                          très bas

2

Hello Grandma Cockroach!
I willed you some white bread
as well as my library
                and three banana trees, no fruit but
                        good for shade
as well as the hollow ships of the Achaeans
                and all my affection
in addition to the catalog

        you will make
good use of my science because you understand
                (my wild heart)
        you whose experience
is inscribed in the earth's crust
                Grandma Cockroach, listen up!
                the brittle willow withstands
the cold dense earth much better than the white

        Keep on listening:
and if the wind whipped all the leaves
                up into damp clumps
                        and stones
beneath the leopard-spotted trees in a storm,

never again will kisses reach
                        the skinny body beneath her dress

        Oh! Grandma Cockroach *and*
from the other side of the river, I bow down to you
                deeply

Dans cette affaire m'être identifié à Properce
ne m'a pas fait avancer d'un pouce

Identifying with Propertius in this affair
is getting me nowhere

3

... ET qu'elle portait, un samedi matin
    Martine   deuxième prénom Maria
cette robe rose   très légère
et que ses bras étaient maigres, idem
        ses jambes
        idem la poitrine   et sur
        son poignet une veine bleue

      N'avait rien d'élisabéthain
sa bouche disant quelques horreurs comme
        merde et je m'en fous...
        mais non plus n'ôtait rien à sa grâce;
venais de lire—après un bain et une nuit
        écourtée par ce conseil d'administration
        une page de Plotin sur l'*un*
faisant une île et que
        l'ultimatum venu de Monségur
devait peut-être bien être pris en considération
        "Ses os (étaient) de jade"
encore que
l'écuyer puisse être mis au rang des légendes
        comme Jérusalem d'OR

      et les chiens-rossignols du plat pays
auront en ton honneur rompu les premiers le silence

3

...AND that one Saturday morning she wore
      Martine   middle name Maria
a very light   pink dress
and that her arms were thin, ditto
      her legs
ditto her chest   and on
      her wrist a thin blue vein

      Had nothing of the Elizabethan about her
her mouth pronouncing such horrors as
      shit and I don't give a damn...
      though it made her no less graceful;
I'd just read—after a bath and a night
      cut short by the board of directors—
      a page by Plotinus about the *one*
making an island and that
      the ultimatum of Monségur
should perhaps be taken into consideration
      "His bones (were) of jade"
though
the squire can be ranked among the legends
      along with GOLDEN Jerusalem

      and the nightingale-dogs of the lowlands
will be the first to break the silence in your honor

4

une grue aussi / rouge / crchcrch crchcrch
et à deux mètres cette pancarte
comme ça / CHANTIER INTERDIT
sur la palissade /
Comme le vent emport(ait) le reste
l'insecte ou quelque chose parvint
a l'extrémité pointue (de la feuille)
les antennes / rouge
crchcrch crchcrch aussi
/ la deuxième grue devant
sa flèche / sur le cote des palissades
(comme) des bambous noirs

4

a crane also / red / crchcrch crchcrch
and on a fence / six feet away
a sign / KEEP OUT / CONSTRUCTION SITE
As the wind carries(ied) off the rest
the insect or something that reached
the pointed end (of the leaf)
its antennae / red
crchcrch crchcrch too
/ the second crane its boom
in front / on the side of the fence
(like) black bamboo

5

Même aux génies familiers congé pour cette fois!
                           le corps couché le long
comme un affût de métal (une FLÛTE) oublié une nuit
                           entière dans les glaïeuls
                           sauvages / orange

...procession des pleureuses   mais pas
                           oh! non surtout pas de parents
                                        bouleaux et rochers
                                        fougères mordillées
                           le sable / noir
                                        comme brûlé

écrit une lettre à Monségur où le vent souffle
                           en tempête / vue idéale
                           d'un paysage carboniférien
propos décousus / rires et fougères arborescentes
                           dents de loup / insectes
                           et batraciens
lumière diffuse du soleil au travers d'un écran de brume
T. S. Eliot prenant chaque soir le métro après la banque
                           aucune fleur (n'est) colorée
                           violents orages, pluie battante
par temps de neige les murailles brûlées / flèches
                           ROCHERS & FOUGÈRES
                           FOUGÈRES & SABLE
                                        noir)

5

Even the familiar genies have been sent packing!
                              the body lying outstretched
like a metal sheath (a FLUTE) forgotten for a whole
                              night among the wild
                              gladioli / orange

... procession of mourners   but not
                              oh no! above all no relatives
                                           birches and boulders
                                           ragged ferns
                              the sand / black
                                           as if burned

wrote a letter to Monségur where the wind
                              howls / perfect view
                              of an ancient landscape
rambling language / laughter and bracken
                              succulents / insects
                              and newts
sunlight diffused through a screen of mist
T. S. Eliot taking the tube every evening after the bank
                              no flower (is) colored
                              violent storm, pounding rain
burned walls in the whirling snow / arrows
                              ROCKS & FERNS
                              FERNS & SAND
                                           black)

6

Est-ce un martin pêcheur? deux déjà
                ont été descendus
                cette semaine
et voilà! dans le quartier des H.L.M.
                LES ENFANTS
                        cassent les jeunes saules
"Ah! Abdellah! si jamais je t'y reprends!"

                tout va mal / la fumée très blanche
                monta
                des arbres / et le ciel blanc
hier ils ont amené une ancienne locomotive
                        verte
                avec son tender
                        il pleuvait

6

Is it a kingfisher? already two
                have been shot
                this week
and then! among the housing projects
                CHILDREN
                        break the young willows
"Ah! Abdellah! If I ever catch you at it again!"

                everything's going wrong / bright white smoke
                rose
                from the trees / and the white sky
yesterday they brought in an old green
                railway engine
                along with its coal car
                        it rained

7

J'ai fait un brin

              de conduite
              à Ovide
              sur la route de Thomes
          moi-même allant
          m'enterrer à Provins

tous deux apaisés en chemin par une heure de nage
              dans une piscine chauffée
                  vers Nangis
              tout de suite sur la droite
              après la raffinerie *et*
n'avait rien compris—moi non plus—
              aux petites balles blanches
dont après le coucher du soleil fut recouverte l'eau

              derrière la vitre
              l'homme assis dans
                 la cabine
              bâââilla et (dans) sa tête
              (un pétard)   explosa
                 au moment de s'endormir

venit in hoc illa fulmen ab arce caput

7

I drove part of the way
> to Tomis
> with Ovid
> I was headed
> for exile in Provins

both of us relaxed along the way with an hour's swim
> in a heated pool
> near Nangis
> just there on the right
> after the refinery *and*
couldn't figure out—neither could I—
> why the small white balls
scattered across the water after sundown

> behind the glass
> the man in the cabin
> sat yawwwning and (in) his head
> (a firecracker)   exploded
> just as he fell asleep

venit in hoc illa fulmen ab arce caput

8

Ainsi Milarépa édifiait sa énième tour
                    (lenteur géologique) et
                    la Saint-Jean (sera)
                                        le signal
mettre en caisses
livres et peintures
                    avant d'avoir terminé ce travail
                    et
prendre congé

                    premier battement de cœur d'une
enfant qui   un pied sur   du trottoir
        marche   le bord   et l'autre
sur la
        chaussée

voir   LONGUEVILLE peint en bleu roi
                                sur blanc brillant
comme le nom   d'un vaisseau de haute mer

                                ou 3 Massey Ferguson
    `   argent et amarante

                                en attente

                                sur la plate-forme d'un wagon
avec dessus ÉCRIT encore lisible le nom

                                d'une gare d'attache

8

So Milarepa built his umpteenth tower
                (geologically slowly) and
                midsummer (will be)
                                the sign
to crate up
the books and paintings
                        before finishing the work
                        and
heading off

                        the first heartbeat of a
child who   one foot   on the sidewalk
        walks   its edge   with the other
on the
        road

to see   LONGUEVILLE [painted in royal blue
                        on glossy white
like the name   of an ocean-going ship

                        or 3 Massey-Fergusons
                        silver and vermillion

                        waiting

                        on a flatbed car
and WRITTEN right above it, still legible, the name

                        of the final station

Elegy 4

1

Non plus que les   lieux

                       n'a cours

         l'   époque
      sauf
      un   silence

         à pic   *de* mots
et tours d'esprit

après *x* années

         cet hiver-ci
         (ou un autre
         ici
         comme ailleurs)
    non plus   jamais
         au terme de *x* années

il y avait des jardins dans mes yeux qu'emplissait
la marche de ce cyprès

         ligne
         après ligne

organisant
et limitant   le champ des forces

    et (nous)   limitant méticuleusement

car bruns es teinz entre besc
pensius pensanz

1

No more than   places

                              has the epoch

      run its   course
    except for
        a   silence

        looming over   words

and a turn of mind

    after x years

          this given winter
          (or another
          here
          as elsewhere)
    no longer   ever
          at the end of x years

there were gardens in my eyes brimming
with the cypress filing by

          line
          after line

    organizing
    and limiting   the force field

      and (we)   limiting meticulously

    car bruns es teinz entre besc
    pensius pensanz

2

Qu'est-ce qu'il est devenu
après *x* années

          Amoros Désiré
          le premier de la liste?

          Et tous les autres
          dispersés
en *un* seul jour

          à l'époque où H
          fit construire la tour?

de ses voyages   pas de traces   non plus
       que de   Mosleh od Dîn
          dans son erm
          i   tage de roses

Nous parlons   ils
          sont   morts

: pas un mot   de notre
          émotion   &

MAINTENANT   les feuilles
          sombr
          e   s

rien   ou à peine   le souvenir
          d'autres
          souvenir   s

          :

2

What's become of him
x years later

> Amoros Désiré
> the first on the list?

> And all the others
> scattered

in *a* single day

> around the time that H
> had the tower built?

of his travels   not a trace   nor
            of   Sa'adi
                     in his herm
                     i   tage of roses

We talk   they
                     are   dead

: not a word   of our
                     feelings   &

NOW   the dark
                     leav
                     e   s

nothing   or barely   the memory
                     of other
                     memor   ies

                     :

E.P.   mort   à Venise
il y a 2
semaines

ou bien   Pyrrhus
venant de recevoir

                     cette brique
qui 'assomm   a
pour de bon

NOUS   nous enfonçons
méthodiquement dans
la lumière

autour
malgré   le brouillard   qui
monte

des 2 vallées
avec la disparition
des migrateurs

parce qu'   ils sont morts
sans obstacle

E.P.   dead   in Venice
         2 weeks
         ago

or else Pyrrhus
         just hit
                             by the brick
         that laid him out   for
                             good

WE   methodically
         sink down   into
                             the surrounding

         light
despite   the mist   that
                             rises

         from the 2 valleys
         as the migrating
         birds disappear

because   nothing stood in the way
         of their dying

3

8 décembre: il nous reste encore quelques couleurs
solides,nettes et éclatantes

                    oriflammes
                    de Noël
                    ou forteresse de pommes de pin
                                            & argent

                    (publicité pour des agrumes
                    Importés de   Bethléem)

tandis que   les kakis finissent de mûrir
                    dans le froid

et que   Wall Street sera fermée jeudi
                    jour de deuil national
                    pour le décès de l'ancien president

        Negras pizzaras entre blancos dedos

ICI   flambent: le feu
                                    et de l'autre côté

ce sont les plaques romaines
                dont la matière
trouve sa pleine Valeur depuis
                qu'elles ne nous servent plus
                à savoir

3

December 8: we still have several solid, clear, and
striking colors left

Christmas
banners
or fortress of pinecones
    & silver

(ads for oranges
imported from   Bethlehem)

while   the persimmons continue to ripen
in the cold

and   Wall Street will be closed on Thursday
the nation will be mourning
the death of the former president

Negras pizarras entre blancos dedos

HERE   burns: the fire
and from the
other side

they're Roman signs
and their materials

now find their full value
given that they no longer
tell us

combien de généraux moururent
dans le combat
ou quel chemin nous mène
au forum ou au marché

et ce

dialogue   intérieur
: ne savais
rien du tout
de lui (Olson)
quand j'   ai mis   les matins-pêcheurs
                                  dans Élégie 3

                                  et sauf erreur
                                  s'y trouvent encore

ainsi je   vais réunissant les fils

. . . .

how many generals
died in battle
nor which street
leads to the market or the forum

and this

        internal   dialogue
        : knew
        nothing at all
        about him (Olson)
when I   put   the kingfishers
                                    in the 3rd Elegy

                                    and, barring error,
                                    they're still there

and so I   will bring the threads together

. . . .

4

ANCÊTRE 2 :   forgeron   (ne
figure pas sur l'arbre généalogique
br   isait les noix
d'une chiquenaude

ANCÊTRE 2 *bis* :   barbier   refilait
sa viande à son
chien
sous la table
et refusa   un prêtre

une autre allée dans le prolon-
gement & roses en plâtre peint

ANCÊTRE I :   souvenir d'un homme bon
qui mourut dans son lit
une négresse le pleura

ANCÊTRE I *bis* :   but du café   en 1914
et les Prussiens   l'ont réformé

durement atteint par la bêtise
de son entourage
un ami médecin   le piqua
sur sa prière   vers 1930

et me laissent orphelin

4

ANCESTOR 2:   blacksmith   (does
                   not appear in the family tree
                   br   oke the nuts open
                   with a snap of his fingers

ANCESTOR 2.5:   barber   gave
                                     his meat to the dog
                                     under the table
                   and refused   a priest

                   another path going far-
                   ther & roses in painted plaster

ANCESTOR 1:   memory of a good man
                   who died in his bed
                   a Black woman crying over him

ANCESTOR 1.5:   drank coffee   in 1914
                   discharged by   the Prussians

                   crushed by the idiocy
                   of those around him
                   around 1930   a friendly doctor
                   gave him the injection he'd requested

leaving me orphaned

5

Ne sais   quand ni où   (je suis né)
           un 11 avril

           un dirigeable silencieux
           surveillait

           les sous-marins
                            comme une étoile

une brise   sur mon visage
            éloignait les fumées
                            vers le large
            et les pins
            couronnaient ma tête

et puis   la guerre prit fin

            à la Saint-Nicolas
            j'eus mon premier pinceau
            dans du papier de Chine

et   la cité s'organisa
            avec les banques qui fleurirent
            à la place des fleurs

            et m'organisa   comme un oiseau
                               dans un filet
                               ou un panier d'œufs

5

Don't know   when or where   (I was born)
                    one April 11

                    a silent zeppelin
                    tracking

                    submarines
                                            like a star

a breeze   on my face
                    carrying the smoke
                                            off out to sea

                    and the pines
                    crowning my head

and then   the war ended

                    on Saint Nicholas Day
                    I got my first paintbrush
                    wrapped in rice paper

and   the city came together
                    around banks that bloomed
                    in place of flowers

                    and put me   like a bird
                                           in a net
                                           or an egg basket

c'est alors   que les rats ont déserté
                     les palmiers du jardin

                     lorsqu'une corde fut trop usée
                     on relégua le hamac
                     dans le fond d'un garage
                     avec la volière et le souvenir
                                        des tourterelles

                     et c'est très bien

it was then   that the rats abandoned
                   the palm trees in the garden

                   when the rope wore out
                   the hammock was thrown
                   in the back of the garage
                   with the aviary and the memory
                                        of the doves

                   and that's just fine

6

MAINTENANT (ou moi)   la cité
devint mon lieu et mon temps

La route descend à travers les arbres
ai vu passer un, puis trois,
quatre oiseaux gris
et le givre révéler sous l'herbe
(autre présage)   les fours à bois abandonnés

alors

a ressurgi la vieille peur
avec la solitude
et ce 23 avril 1616
après quoi

NOUS   perdions   ma trace
dans la pierre

TU   et tu as   oublié
le temps qu'il faisait

si
c'était l'automne
ou déjà en hiver

et si   tu es restée   un bon moment
sur la terrasse
en train de reconstruire
du rêve que

6

NOW   (or I)   the city
became my place and time

The road goes down through the trees
I   saw one, then three,
four birds passing, gray
and the frost illuminating
(another omen)   the wood ovens abandoned
in the grass

then

the old fear came back
with loneliness
and this April 23, 1616
after which

WE   lost   my trail
in the stone

YOU   and you   forgot
the weather

whether
it was fall
or already winter

and if   you stayed   out on the terrace
a little while longer
putting back together
the dream that

tu   avais rêvé la nuit d'avant

la part(ie)   (dé)jà   rongé(e) comm
e)   une vi(ei)lle   (feuille) par terre

you   had dreamt the night before

the part   (al)ready   eaten (into) lik
e)   an old(er)   (leaf) upon the ground

Elegy 5

1

Dehors, ni pluie, ni vent. C'est la nuit,
et ce n'est pas encore l'approche du matin.
Un temps mort au début de l'hiver: le temps des provisions
    de bord,
        la part des hommes avec la part des rats,
        la part des mots;
Le temps sans amour ou l'esprit en éveil
        n'a plus rien à se mettre sous la dent
        si ce n'est quelque chose comme
Un bruit déjà lointain et pourtant familier
De feuillages froissés dans l'ancien vent des nuits d'hiver.
Décembre, en descendant avec beaucoup de précautions
        ce chemin très en pente
Rendu glissant entre les murs par les pluies de la veille
        et les petites branches.
Fouillant en vain la pénombre des yeux
        à la recherche de détails complémentaires
        suffisamment probants pour éclairer la situation
        sous un angle nouveau,
Nous n'avons rien trouve qui ne nous fût déjà connu,
        pas même le hérisson
        qui se risquait à traverser la rue
Ou que la grille du jardin ne grinçait pas quand il pleuvait,
        ce qui ne prouvait alors déjà rien
Et nous inciterait aujourd'hui à conclure que l'affaire
        est classée; que le bruit des feuilles
        est le bruit des feuilles; et le silence
        une nécessite heureuse.

1

Outside, neither wind nor rain. It's night,
not yet nearing morning
The dead time of early winter—time to fit out the ships,
     stores for the men and stores for the rats,
     stores for the words;
A loveless time when the awakening mind
     has nothing left to live on
     except something like a sound
Already distant and yet somehow familiar
Of leaves brushed by the ancient wind of winter nights.
December, walking so carefully
     down the steep walled path
Made slick by yesterday's rain
     and small fallen twigs.
Vainly searching the twilight
     for additional details
     sufficiently convincing to present the situation
     in a new light,
But we found nothing that we didn't already know,
     not even the hedgehog
     taking the risk of crossing the road
Or that the garden gate doesn't creak in the rain,
     which already proved nothing
And would lead us today to think that the case
     is closed, that the sound of the leaves
     is the sound of the leaves, and the silence,
     a happy necessity.

2

Tête brûlée. De ma fenêtre, le matin, je voyais les collines
    en traduisant Lysias.
Tu fumais des Camel et conduisais toi-même une Nash
    vert eau
        aux essuie-glaces rapides;
Et on disait que tu avais pour maîtresse
        une femme de mauvaise vie: Aurelia Orestilla.
Mais après tout cela ne regardait que vous: elle et toi.
        Où donc avais-tu pris ce goût de conspirer?
Est-ce dans la pièce attenante à la salle de chant,
Au milieu des archives, des masques et des vieux décors
        qui sentaient le moisi et la colle
Que te vint cette idée de soulever les Allobroges?
Déjà tu avais mis à rude épreuve la patience
    des professeurs, Marcus Portius,
Marcus Tullius surtout, dont la toge blanche
    dissimulait une cuirasse.
Pourquoi t'en être pris aussi aux promoteurs
Qui rasent les montagnes pour construire sur l'eau?
    Avec le nom que tu portais
Et quelques solides appuis du côté du Sénat,
    tes dettes remboursées, tu aurais aujourd'hui
Un cabinet prospère sur les Champs-Élysées
    et tu parlerais de César au passé,
Celui, tu te souviens, qui tirait les ficelles
    depuis son banc derrière le poêle.

Tout cela, pour finir, t'a conduit au milieu des collines
    avec cet air farouche que tu avais de ton vivant.
Et maintenant, Catilina, ça te fait une belle jambe.

2

My head burning, I looked out on the hills from my window
    in the morning as I translated Lysias.
You smoked Camels and drove your own Nash, aquamarine,
    windshield wipers on high;
And they said that your mistress was
    a loose woman: Aurelia Orestilla.
But then, that was nobody's business but yours—and hers.
So where did you get your taste for conspiracy?
Was it there, outside the music room,
Among the archives, masks, and old props
    smelling of mold and glue
That you first thought of stirring up the Allobroges?
You'd already sorely tried the patience
    of the professors, Marcus Portius,
And above all Marcus Tullius, whose white toga
    hid his body armor.
Why did you go after the developers
Who leveled the mountains to build on the waters?
    With your name,
A bit of support from the Senate,
    and your debts paid off, you'd have a thriving business
On the Champs-Élysées by now
    and you'd be speaking of Caesar in the past tense—
He who, if you remember well, was pulling the strings
    behind the scenes.

All that, in short, sent you out into the hills
    with that wild air you had when you were alive.
For all the good it does you now, Cataline.

3

Avant l'année de référence, un hiver valait
    pour les autres hivers. Pas de saison intermédiaire.
Des étés sans couleur, et sans ombre
    à cause du manque d'eau et des nuits claires,
Des nuits durant lesquelles les rats—eux d'ordinaire
    si discrets, si pointilleux dans le partage
    des heures et des lieux, les rats si prudents d'habitude
    étaient ivres. Jamais on ne les vit mais on les entendra
    trotter jusqu'au renversement de l'âge,
le changement de temps: le silence des rats en hiver.

    Nous avons tout ce temps pour nous.
Tout le temps de peser nos phrases, car la venue du froid
    n'est pas en elle-même un évènement.
Les anciens mots conviennent aux situations nouvelles
et les vieux commentaires nous serviront bien encore cet hiver.
    User des mêmes mots sera notre manière
de nous taire sans avoir l'air de laisser mourir
    la conversation.
Sans vraiment prendre part à ce qui nous entoure
    —chacun a eu, dit-on, sa part de vie—
nous serons crédités d'un temps que nous n'avons jamais connu.
Ce temps qu'on nous envie, bien qu'il ne fût jamais
    le nôtre, est un temps mort, échu par héritage.

Nous avons ce temps devant nous pour retourner les mots
    qui rendent le son creux des idées grises,
Le temps passé, le temps perdu dont la mémoire est vide;
    Nous avons devant nous ce temps sans référence
aux mots qui ne mesurent rien: pas de mesure pour le temps
    gris.

3

Before that year, one winter
    was much like another. No season in between.
Summers without color, without shadow
    given the lack of water and the clear nights,
Nights in which the rats—normally
    so discrete, so precise in their observance
    of times and places, the rats normally so prudent,
    were drunk. We never see them, but we'll hear them
    scurrying about until the end of the age,
a change in the weather: the silence of rats in winter.

    We have all this time to ourselves.
Time to weigh our phrases, as the coming of the cold
    is nothing in itself.
Old words serve new situations
and old explanations will work again this winter.
    Using them again will allow us to
hold our tongues without seeming to let
    the conversation drop.
Remaining aloof from our surroundings
    —each had, they say, his share of life—
we'll be credited with a time we never knew.
A time, envied by others, though never
    ours, a dead time, inherited.

We have this time before us now to turn over the words
    that hollow out sound with gray ideas
The time past, the time lost, empty of memory;
    We have before us this time with no reference
to the words that measure nothing: there is no measure for
    gray weather.

4

Pour toute chose, nous eûmes les mêmes yeux:
    le jardin d'autrefois et celui d'aujourd'hui,
    le jardin immobile.
Nous avançâmes au milieu de ce qui porte un nom
    et que nous avions appris à nommer;
Nous progressâmes dans les livres
    au milieu de ce que nous apprenions,
L'arbre vivant et l'arbre mort au même titre,
    songeant peut-être qu'une telle coïncidence
Ne durerait pas toujours car sa croissance serait sa mort
    et la pensée du modèle sa fin.
    Notre amour n'eut pas d'autres lieux
Qu'une succession de regards sur des lieux de fortune,
    morceaux de choix ravis aux circonstances,
Une alternance de mémoire et d'oubli pour les choses connues
    et puis l'indifférence aux choses sues.

Le temps de l'amour fut cette suspension du temps de tous
    les jours,
    une brèche délibérée dans le temps des paroles.
Et là nous ressentîmes ce que d'autres à notre place
    auraient également éprouvé,
Un contentement certain, quoique tempéré,
    d'être parvenus là où nous étions parvenus
Et déjà pourtant le vague désir de nous en retourner,
Une telle coïncidence ne pouvant pas durer
    puisque sa croissance serait sa fin.

4

We had the same eyes for everything:
  the old garden and the one today,
  the motionless garden.
We walked out into what is named,
  what we had learned to name;
We worked our way through the books
  among the things that we had learned,
The living tree just as the dead tree,
  thinking perhaps that such a concurrence
Can't last because its growth would be its death
  and the thought of the model, its end.
  Our love had no place other than
A series of glances in happenstance spaces,
  shards of choices filched from circumstance,
Alternately remembering and forgetting things known
  and then indifference to things known of.

The time of love suspended daily time,
  a deliberate breach in the time of speech.
And there we felt what others in our place
  would also have felt,
A certain contentment, although tempered,
  at having arrived where we'd arrived
Yet already vaguely wanting to return,
Such a concurrence can never last
  because its growth would be its end.

Elegy 6

1

À l'époque   où
                il fit commencer les travaux,
                        l'île était accessible
                        par de petits ponts mobiles
                        bordés de docks et d'entrepôts
On voit encore le môle
                        où se dressait le phare
                        (prendre l'escalier qui conduit aux étages
                        devant la loggia flanquée d'une échelle
                                de fer)

                sont conservées les œuvres
                trouvées dans son jardin:
                        la statue d'une fillette
                                tenant une colombe dans ses bras

                        un crabe en porphyre vert
                        un fragment de la Sainte Lance
                        une belle collection d'antéfixes
                        Zeus pénétrant chez Danaë
                                sous la forme d'un nuage

Il réalisa de gigantesques travaux

Près de l'escalier qui réunit les deux pièces
                la célèbre *statue parlante*
                        semblable à une draperie mouillée
                        son vêtement très fin

1

At the time   that
         he started the work,
                 you could get to the island
           over small mobile bridges
           down by the docks and warehouses
You can still see the jetty
           where the lighthouse stood
           (take the stairs that lead to the upper
               floors
           in front of the loggia with the
               iron ladder)

           saved the artworks
           found in his garden:
               the statue of a little girl
                   with a dove in her arms

           a green porphyry crab
           a fragment of the Holy Spear
           an impressive collection of roof-edge
             ornamentation
           Zeus entering Danae's chamber
           in the form of a cloud

He accomplished great works

Near the stairway that joined the two rooms
           the celebrated *speaking statue*
               her sheer attire
               like dampened drapery

Il voulut que le sol
fût de terre
rapportée du Calvaire

Alors que les ronces avaient envahi les allées
—sombres cyprès
pins parasols—

sur le vernis noir des vases
blancs
jaunes
rouge sombre
des fleurs
furent délivrées de la végétation qui les masquait

Il fut un temps   où
les jours de fête
deux lions projetaient
l'un du vin blanc
& l'autre du vin rouge

Il faisait partie du groupe des *statues parlantes*

On voit encore   les deux bancs latéraux
réservés aux initiés

Au sommet du grand escalier
(197 marches en pierre)
un aphrodite née de la mer
était entourée par les Heures
dont les pieds
effleuraient les galets
de la plage

He wanted a floor
of polished earth
brought back from Calvary

Though the brambles had overgrown the paths
                              —dark cypresses
                              parasol pines—

          on the black glaze of the vases
                    whites
                    yellows
                    dark red
                              of the flowers
          were freed from the greenery that hid them

There was a time   when
                    on feast days
                    two lions poured forth
                              wine, one white
                              & the other red

          It formed part of a group of *speaking statues*

You can still see   the two side benches
                    reserved for initiates

At the top of the great staircase
                    (197 stone steps)
          an Aphrodite born of the sea
          surrounded by the Hours
                              whose feet
                              grazed the shingle
                              on the beach

"Elles ont
                écrivit-il quelque chose
                        de la poésie antique
                                qui place la mort
                                à côté des plaisirs"

À partir de 1515   il travailla
                        entouré de nombreux aides
                        Des carrières
                        des centrales hydro-électriques
                        des papeteries
                        des industries chimiques
                        furent ses principales activités

De chez lui
                (l'escalier monte jusqu'à une terasse)
                        la vue est extraordinaire
                                sur la géométrie

Selon la légende
                        c'est là que
                        l'aqueduc conduisait l'eau
                                jusqu'aux thermes

Il y avait   une bibliothèque
                une statue romaine
                        la main tournée vers le sol
                        signifiant que l'idée
                        n'a d'existence que dans la chose
                                matérielle

"They have,"
          he wrote, "something
                    of antique poetry about them
                              that places pleasure
                              next to death"

From 1515 on   he worked
                    surrounded by his aides
                    Quarries
                    hydro-electric works
                    papermills
                    chemical plants
                    were his principal activities

From his house
          (the stairs go up to a terrace)
                    the view out over the geometry
                              is extraordinary

According to legend
                    it was there
                    that the aqueduct carried water
                              to the baths

There was   a library
                    a Roman statue
                              its hand turned palm down
                              meaning that ideas
                              exist only in material things

2

Il se plut   à faire niveler les montagnes
                  et à élever les plaines

Il rêva   qu'il provoquait un massacre
                                une famine
                                un cataclysme

Très facétieux   il joua
                 un jour à emporter au sommet de la tour
                                un petit arc de triomphe:
                                maquette du siège de Numance
                                par Scipion Émilien

Il posa sa main droite dans un brasier
         (l'espérance du bonheur!)
                 L'impassibilité du visage malgré l'effort
                                est caractéristique
le calme l'énergie et la réflexion
                                transparaissaient toujours
         (remarquez la précision
                 des arbres
                 des rochers
                 des collines
                 l'oiseau atteint par une flèche)

Dans la nuit du 15 au 16 juillet 1823   une bombe s'écrasa
                                             La villa fut pillée
         Ce jour-là Apollon fut sur le point de tuer un lézard

2

He liked   to level mountains
                and raise plains

He dreamed of causing a massacre
                      a cataclysm
                      a famine

Mischievous he played
              one day at taking a miniature triumphal arch
                    to the top of the tower:
                  a model of the siege of Numantia
                  by Scipio Aemilianus

He put his right hand in the fire
        (hoping for happiness!)
                His face, impassive despite the effort,
                    is characteristic
            calm, vigorous, and pensive
                    ever emergent
      (note the precision
            of the trees
            the rocks
            the hills
            the bird struck by an arrow)

During the night of July 15 to 16, 1823   a bomb exploded
                                      The villa was pillaged
              It was the day that Apollo almost killed a lizard

Objets divers:
                    un miroir
                    une cruche
           petits cubes de marbre exactement de la même taille
           flotteurs de filets de pêche
                    cordages
           balista (sorte d'arbalète)
           un clou de la Passion
           deux épines de la Couronne

L'Aventin fut entièrement dévasté:
                    un couvent
                    remplaça le temple de Jupiter

Il interpréta les signes célestes
      car
      il fut augure:
                    le vol des oiseaux
                    l'appétit des poulets
                    les petits faits inhabituels

et fit élever une butte artificielle formée par des débris
    d'amphores

Après un premier transport au cerveau

                              il ne comprit plus
                              les choses
                              que très lentement
      "En voyant ses funérailles, il sut qu'il était mort"
           Quel artiste périt avec moi!

Various objects:
                a mirror
                a pitcher
small cubes of marble all identical
floats for the fishing nets
                ropes
a *ballista* (a kind of crossbow)
a nail from the Passion
two thorns from the Crown

The Aventine was entirely destroyed:
                a convent
                replaced the temple of Jupiter

Being a soothsayer
        he
    read the celestial signs:
                the birds' flight
                the hens' appetite
                the small odd facts

and made an artificial hill of fragments of amphoras

After an initial brain fever
                              he understood
                              things
                              only very slowly
      "Seeing his funeral, he knew that he was dead"
        What an artist died with me!

Il meurt égorgé par les tueurs à gages des triumvirs
    Craignant un piège
    personne n'osa se réjouir
    Cela signifie qu'il y a peu
          du triomphe
          à la chute

À la même époque   disparut le port de Ripetta,
          Scipion s'embarqua pour l'Espagne
   les quartiers résidentiels s'étendirent vers la mer
   Il termina sa vie caché sous l'escalier
     Hic jacet pulvis cinis et nihil

Ici gît de la poussière des cendres rien
Un char miniature
lauriers roses et blancs
des objets de toilette ou de culte

   La consternation fut générale

His throat was slit by assassins hired by the triumvirate
    Fearing a trap
    no one dared rejoice
    Which meant that there was not
           much triumph
           to the fall

The Port of Ripetta   disappeared around the same time
                  Scipio left for Spain
    the suburbs spread out toward the sea
    He ended his life hiding under the stairs
        Hic jacet pulvis cinis et nihil

Here lies dust and nothing else
A miniature chariot
pink and white laurels
objects both cult and personal

    The consternation was general

3

Cette année-là
     la sérénité de la première période dépassée
          le neuvième jour avant les calendes d'octobre
               après toutes sortes d'intrigues
               en pleine période d'anarchie
     sujet à une grande lassitude
     il fut ravagé par le feu
          de l'incendie
          qu'il avait lui-même allumé
    Charmé par la beauté des flammes
          il resta stupéfait
          "Pourquoi me persécutes-tu?"

Fuyant les mondanités
il vit en rêve
          une nuée d'anges qui s'échappaient
          belle expression de joie

Inspiré par cette vision
          théoricien de la perspective
          il mit son talent au service du trompe-l'œil
          Les critiques
               parlèrent d'architecture
               "à rebours"

Sa vigueur morale
          (il en reste quelques traces)
          soutint sa vocation:
          rendre les scènes plus visibles

3

That year
      the calm of the first era now over
            the ninth day before the kalends of October
               after endless intrigues
               amid utter anarchy
  and prey to an overwhelming ennui
  he was burned half to death
          by the inferno
          that he himself had lit
Hypnotized by the beauty of the flames
          he stared, dazed
          "Why are you tormenting me?"

Fleeing daily life
he lived in a dream
      a throng of escaping angels
      radiating joy

Inspired by this vision
         theoretician of perspective
         he turned his talents to the service of
           trompe-l'œil
         The critics
            spoke of architecture
            "against the grain"

His moral vigor
         (traces remain)
         supported his vocation:
         to make the scenes more visible

Il agrandit sa maison
            puis la reconstruisit
                        après qu'un incendie
                                    l'eut détruite
            couronnement de son art
            étourdissant de mouvement
            et de lumière

Là se trouvait une pièce d'eau
            semblable à "une mer"
                        (il y avait aussi quatre écuries
                                    distinguées par une couleur)
            une cage en fer forgé
            une volière
                        et surtout
                                    la *statue parlante*
                                    la plus bavarde

                        "La tête est douce et belle
                        le regard très doux..."

Paisiblement étendu
            le colosse semble s'ennuyer un peu
            à contempler l'eau de la vasque.
"Domine quo vadis?"

On blâma César
                        une autre *statue parlante*
            parce qu'il lisait son courrier à l'amphithéâtre

Il lança une flotte à leur poursuite et les anéantit:
            première victoire navale romaine

He enlarged his house
       then rebuilt it
              after a fire
                     had destroyed it
       the crowning achievement of his amazing
       art of light
       and motion

There was a body of water there
       like "a sea"
              (there were also four stables
              distinguished by color)
       a cage in wrought iron
       an aviary
              and above all
                     the *speaking statue*
                     the most outspoken

              "The head is sweet and lovely
              and the gaze so soft..."

Stretched out peacefully
              the colossus seemed rather bored
              contemplating the waters of the pond.
       "Domine quo vadis?"

       They blamed Caesar
                     another *speaking statue*
              because he read his mail in the arena

       He sent a fleet in pursuit and sank the lot:
              first naval victory for Rome

4

Aujourd'hui   le Palatin est ruiné
           Sur ces lieux accidentés et humides
              il fit construire son palais:
           un grand rectangle aux petits côtés
           une déesse du ciel
           un verger clôturé

    Arbre généalogique et galerie de portraits
           (cavaliers romains vainqueurs
           et barbares prisonniers)
Selon les historiens et les poètes
           il y eut aussi
           la maquette en terre cuite
           pour la statue équestre
           etc.

    Au centre
           l'espace octogonal planté de fleurs
           était probablement un bassin
              et servit de réserve d'eau
              ou peut-être de vivier

Alors
    la bibliothèque fut reconstruite
    (bel effet de trompe-l'œil)

        Il composa des figures noires sur fond blanc
        de petits panneaux illustrés
        à Junon, à Janus et à l'Espérance

4

Today   the Palatine is in ruins
On this land, hilly and humid
        he built his palace:
a large rectangle with short sides
a goddess of the skies
a walled orchard

    Family tree and portrait gallery
        (victorious Roman warriors
        and barbarian prisoners)
According to the historians and poets
        there was also
        a clay model
        for the equestrian statue
        etc.

    In the center
        the octagon planted with flowers
        was probably originally a pond
        used to store water
        or breed fish

Then
    they rebuilt the library
    (lovely *trompe-l'œil* effect)

        He drew black figures on a white ground
        small illustrated panels
        to Juno, Janus, and Hope

La nuit tombée
                fustigeant les mœurs
                critiquant la politique
                calomniant parfois
                saisi d'une "petite fièvre"
                        il accomplissait diverses tâches
                        en plein air

. Les soirs d'été
                "Africain"
                il s'agenouillait
                entouré d'allégories
                        une série de bas-reliefs
                        enroulés en spirale
                        le douloureux David
                        montrant la tête de Goliath
                        des maquettes de vaisseaux
                        de guerre avec les rameurs

        Ce bateau volontairement coulé c'était trop

                De querelles en rixes
                il dut fuir la ville en 1605

        Le gouffre se referma et un petit lac subsista

Le héros
        paré d'une peau de lion
        plein de mépris
                est à moitié étendu sur les marches

        Deux cavaliers sont représentés debout
        à côté de leurs chevaux
        dans une pose plus humaine

After nightfall
            trashing traditions
            panning politics
            slandering sometimes
            seized with a "light fever"
                        he set about various tasks
                        in the open air

"African" summer
            evenings
            he knelt
            surrounded by allegories
                        a series of bas-reliefs
                        coiled in a spiral
                        the aching David
                        holding up the head of Goliath
                        the model warships
                        with their oarsmen

    The boat sank on its own, overwhelmed

            In 1605, having picked too many fights
            he was forced to leave town

    The chasm closed up leaving a little lake behind

The hero
        wearing a lion skin
        is scornfully reclining
                on the steps

    Two horsemen are shown standing
    next to their horses
    in a more human pose

Elegy 7

1

13 janvier
      RAPPELLE-TOI
      les peintures de jardin
      sur les murs des *viridaria*
      et l'intérieur des pièces closes

l'une
entièrement à fond noir
      la partie basse décorée
      de figures géométriques

      en partie haute
      des colonnettes
      scandaient l'espace d'un verger
            deux saules
            un grenadier
            un bassin vide

l'autre pièce
      à fond bleu
            montrait des touffes de végétation

      autre jardin
            rempli d'arbres
      mais aussi
            de statues
            de tableaux

1

January 13
     REMEMBER
     the paintings of the garden
     on the walls of the *viridaria*
     and on those of the inner rooms

one
against a black background
     the lower part composed
     of geometric figures

     the upper part
     of slender columns
     looking out over the orchard
               two willows
               a pomegranate
               an empty pond

the other room
     its background blue
             featured tufts of vegetation

        another garden
            full of trees
        but also

             statues
             paintings

guirlande ornée de masques et de boucliers
et sur l'entablement d'ouvertures fictives
                    un ibis
                    une pie
                    un corbeau
                    un rouge-gorge

                    en alternance avec des urnes
dehors
    RAPPELLE-TOI

    les ruines
    l'herbe sèche
    le soleil de trois heures
    la fatigue
    & la maison du poète tragique

        CAVE CANEM

ARIADNE ASLEEP ON NAXOS VISITED BY DIONYSUS

garland ornamented with masks and shields
and on a frieze in fictive arches
an ibis
a magpie
a raven
a robin

alternating with urns
outside
REMEMBER

the ruins
the dry grasses
the three o'clock sun
the exhaustion
& the house of the tragic poet

CAVE CANEM

2

21 janvier

> une île
> une lande
> 2 bicyclettes
> le Hollandais volant

> AU LARGE LA LUMIÈRE ET LE REPOS

> les 3 premiers jours
> les 3 premières nuits
>> rien qu'un filet
>> d'eau chaude
>> dans les robinets

>> la pleine lune
>> & le sel dur
>> sur la cheminée

tu soufflais sur la braise

24 novembre
> une usine désaffectée
> sur la rivière Housatonic

>> la pleine lune
>> le rocher peint
>> en forme de poisson

2

January 21

> > an island
> > an inland
> > 2 bicycles
> > the flying Dutchman

> > OFFSHORE THE LIGHT AND LANGUOR

> > the first 3 days
> > the first 3 nights
> > > nothing but a trickle
> > > of hot water
> > > from the taps

> > > the full moon
> > > & the hard salt
> > > on the mantelpiece

> you were blowing on the embers

November 24
> an abandoned factory
> along the Housatonic River

> > > the full moon
> > > the painted rock
> > > in the shape of a fish

> > > > but no one indigenous

                    mais pas d'Indien
                    avec qui partager la dinde

un Romain
ferait-il l'affaire?

            IN ALTUM LUME ET PERFUGIUM

                à l'aube
                la femme du voisin passe l'aspirateur
                    sur la pelouse
                    en matière plastique
                    vert Véronèse permanent
dans les grands arbres
au bord du lac Mah-kee-nac
            les bûcherons canadiens
            s'inquiètent des ormes malades
                        des tiques du daim
                        de la petite maison rouge
                                    vide
                        de Nathaniel et Sophie Hawthorne

        "dites-moi
mais pourquoi les Français n'aiment-ils pas les métaphores
            alors que nous
            nous les aimons?"

            qu'ai-je encore oublié
            dans la maison
            de la rue des Hommes rouges?

with whom to share the feast

would a Roman
do the trick?

IN ALTUM LUMEN ET PERFUGIUM

at dawn
the neighbor vacuums
            the lawn
            that permanent Veronese green
            plastic
under the huge trees
on the shore of Lake Mah-kee-nac
        the Canadian lumberjacks
        worry about the sick elms,
                the deer ticks,
                Nathaniel and Sophie Hawthorne's
                small red house
                        empty

    "tell me
why don't the French like metaphors
        while we
        we love them?"

        what else have I forgotten
        in the house
        on Redman Road?

le sémaphore
un casier à homards
l'horaire des marées
les trèfles dans le persil?

15 avril 1780
    ici furent débarqués
        la "malle" de Benjamin Franklin

    un crabe
    du vin blanc
    la pierre tremblante

QUE DISAIENTLES DÉPÊCHES?

qu'à Charleston
Lincoln
avait battu Clinston
        & que le général Washington
        campait devant New York
        avec 14 000 hommes

sur la table de la cuisine
tu disposas des oranges
    dans une coupe en verre rose

    le griffon noir du jardinier
    pissa sur le thym

    et le quatrième jour
        rue des Hommes rouges

the semaphore flags
the lobster locker
the tide tables
the clover in the parsley?

April 15, 1780
        here set sail
                Benjamin Franklin's "trunk"

        a crab
        white wine
        a trembling stone

WHAT DID THE DISPATCHES SAY?

that Lincoln
beat Clinton
at Charleston
                & that General Washington
                was camped just outside New York
                with 14,000 men

you put the oranges
in a pink glass bowl
        on the kitchen table

        the gardener's black dog
        peed on the thyme

        and the fourth day
                Redman Road

loin de la pipe de Melville
de la confiture d'airelles
de la rivière Housatonic

nous eûmes de l'eau chaude

LA LUNE SE MIT À DÉCROÎTRE

et nous dormîmes mieux

mais le sel sur la cheminée
resta dur comme
du granit

far from Melville's pipe
from the cranberry jam
from the Housatonic River

we had hot water

THE MOON BEGAN TO WANE

and we slept better

but the salt on the mantle
remained
hard as granite

3

13 février

un comptoir de tailleur
sur l'Atlantique Nord

le merle a chanté
la nuit
où Champollion tint son affaire

un hiver trop sec
et trop doux
le manque de pluie
a fait tomber les feuilles
de l'arbre à papillons
dans le brouillard
et même plus le brouillard

DE LA FUMÉE   DE LA CENDRE   UNE ILLUSION
ET MÊME PLUS UNE ILLUSION

te souviens-tu de la tour flottante
bouée chantante
couronnée
par les oiseaux marins
les deux cormorans
du cendrier de Sommerville?

3

February 13

       a tailor's shop
       on the North Atlantic

          a blackbird was singing
          the night
      that Champollion sealed the deal

          a winter too dry
          and too warm
          so little rain
          that the leaves of the buddleia
          fell
             in the fog
             and even more fog

OF SMOKE   OF ASH   AN ILLUSION
AND EVEN MORE ILLUSION

do you remember the floating tower
       the singing buoy
     crowned
          with seabirds
             the two cormorants
             on Sommerville's ashtray?

14 septembre 1822
                  le merle du mur
                  picote
                  les baies de herre

                  "ça marche ça marche
                  et en dépit d'incertitudes de détail
                  je peux 't'assurer que
                  notre alphabet est le bon"

                           puis il y eut le retour
                           un dimanche matin
                           dans l'autobus de Fromentine

en Janvier
il y avait eu la carpe

                  le vivier
                  le lit de glace au supermarché
                  3 jours de nage
                           dans ma baignoire
                  le transport en voiture
pour finir
ce lundi matin
                  dans un étang à Royaumont

                  & le même brouillard

September 14, 1822
            the blackbird on the wall
            pecks
            at the berries on the vine

            "it works it works
            and though some details are still uncertain
            I can assure you that
            our alphabet is correct"

                    and then coming back
                    one Sunday morning
                    by bus from Fromentine

in January
there was the carp

                the fishery
                the ice from the supermarket
                3 days swimming
                        in my bathtub
                then taken by car
one Monday morning
to end up
                in a lake at Royaumont

                & the same fog

4

27 février
    le froid vint

    pas le silence
    parce que

        dans l'air lourd
        des nuits d'hiver

           les sons
           se propagent
           sans obstacle

tandis que les années sont devenues notre mesure du temps

    dans la nature nerveuse
    le retour de la pleine lune

    au-dessus
        de notre lit
        de la corde à linge
        du lac Mah-kee-nac

    aiguise les dissonances:

    une expression de doute
    un signe d'impatience

4

February 27
      the cold came

      not the silence
      because

            in the heavy air
            of winter nights

                  sound
                  propagates
                  unobstructed

while we've started to measure our time in years

      to a nervous nature
      the return of the full moon

      again above
            our bed
            and the clothesline
            and Lake Mah-kee-nac

      sharpens the discord:

      a doubtful expression
      a sign of impatience

fil invisible tant de fois

                  repris
                  tendu
                  brisé

il y a un étang
      dont la surface reste gelée
            du côté de l'ombre

      quelques nuages
      de la buée
      l'invention du verre

            et toi
            ÉCHO

            nymphe nue
            devant le feu
                  (mais la photographie
                  est floue)

                  et la réponse
                  ne vient pas

insomnie du merle
      soupirs & sanglots

            & MÊME PLUS
            de larmes
                  mais

an invisible thread so often

        grasped
        pulled
        broken

there's a lake
      its surface still frozen
            on the shady side

      a bit
      of mist
      the invention of glass

           and you
           ECHO

           naked nymph
           before the fire
                (but the photo
                is blurred)

           and there's
           no answer

the insomniac blackbird
      sighs & sobs

          & EVEN MORE
          tears
              but

             la fatigue
             un reste de fumée
             deux saules
             le bassin vide

pourtant le jour approche

dans l'air plus léger
         je me souviens:

19 mars
         l'aube
         ton pâle sourire
         l'amour
                  puis
                  nous nous rendormîmes

                  malgré
                  ce soleil du matin
                  dehors

                    tired
                    shreds of smoke
                    two willows
                    and the empty pond

and yet day approaches

in the lighter air
        I remember:

March 19
        dawn
        your pale smile
        love
                then
                we fell back to sleep again

                        in spite of
                        the morning sun
                        outside

5

30 mars
       la nuit
       un orage

            "à part ce temps abominable
            qui est là?"

Herman suit des cours d'arpentage
       à Lansingburgh

       "mais qui est avec lui?"

Gansevoort s'enfonce
dans une dépression nerveuse

et sous un ciel en trois parties
       orné de paysages
Hercule s'avance dans le jardin des Hespérides
       s'empare des pommes d'or
           et tue
           le dragon aux 100 têtes
           & aux 100 sifflements

j'ai construit
       une ville de sable
           de marbre
           d'eau
           à l'embouchure du fleuve

5

March 30
    night
    a storm

        "other than this horrible weather
        who's there?"

Herman is taking a class in surveying
    in Lansingburgh

        "but who's with him?"

    Gansevoort sinks
    into a nervous depression

and under a sky cut in three
    adorned with landscapes
Hercules walks through the Garden of the Hesperides
    grabs the golden apples
        and kills
        the 100-headed dragon
        with its 100 hisses

I built
    a city of sand
        of marble
        of water
        at the mouth of the river

mais tu ne verras pas la mer
parce que la mer
  s'étire loin
  derrière les fresques
    les marbres peints
    les barques peintes
    les arbres peints

"donne-moi ta main"

  tu ne vois pas la mer
  mais tu peux
    entendre son murmure
    la nuit
après l'orage
  annonciateur de la destruction de Carthage
    de l'éruption du Vésuve
    du tremblement de terre de Lisbonne
    de l'incendie des entrepôts Harper

PRAETEREA MARE IN SE RESORBERI VIDEBAMUS

sur la paroi du fond
il reste
  un panier de figues
  une coupe en verre rose
    contenant des oranges
  un arc et un carquois
    & une Néréide
    chevauchant un monstre marin

but you will not see the sea
because the sea
    has drawn far back
    beyond the frescos
      the painted marbles
      the painted boats
      the painted trees

"give me your hand"

    though you can't see the sea
    you can hear
      its murmur
      at night
after the storm
    that foretold the destruction of Carthage
      the eruption of Vesuvius
      the earthquake in Lisbon
      the fire at the Harper warehouses

PRAETEREA MARE IN SE RESORBERI VIDEBAMUS

on the back wall
sits
    a basket of figs
    oranges in
      a pink glass bowl
  a bow and quiver
      & a Nereid
      astride a sea monster

à présent
dans les ruines de ma maison
   sans pénates
   sans lares
   sans manes

je vois les ronces
  la mauvaise herbe
  les scarabées
    envahir les peintures de jardin
    sur les murs des *viridaria*

je vois la mer se replier sur elle-même

et près de la jetée du port
  un filet pourpre à la dérive
  entre deux eaux

MNESTHEI BERRYLLOS

now
in the ruins of my house
                without Penates
                without Lares
                without Manes

I see brambles
        beetles
        weeds
                overwhelm the paintings of the garden
                on the walls of the *viridaria*

I see the sea fold back on itself

and in the harbor near the pier
        a purple net drifting
        just below the surface

MNESTHEI BERRYLLOS

6

4 avril
         buée
         eau
         glace
         &
         neige
                   ce matin

                   je suis devant mes tables
                   mes longues tables
                             de buée
                             de glace
                             d'eau
                             & ce matin
                             de neige

         avec mes morceaux de fresque
         mes calendriers
         mes cadrans solaires
                   qui ne mesurent qu'eux-mêmes

j'ai commencé ce livre
il y a tout juste 20 ans

                   le temps s'écoule et ne s'écoule pas
                   à l'intérieur du sablier

                             le verre est fragile
                             le verre est transparent
                             le verre est utile

6

April 4
>> buoy
>> water
>> ice
>> &
>> snow
>>> this morning

>>> I'm in front of my tables
>>> my long tables
>>>> of buoy
>>>> of ice
>>>> of water
>>>> & this morning
>>>> of snow

>> with my pieces of fresco
>> my calendars
>> my sundials
>>> that measure only themselves

I began this book
exactly 20 years ago

>> time does and does not pass
>> within an hourglass

>>> the glass is fragile
>>> the glass is transparent
>>> the glass is useful

depuis longtemps
>> tirer le diable par la queue
>> n'a plus valeur de métaphore

>> fluctuant ou fixe
>> le cours du dollar
>> est aussi une tautologie

>> l'argent circule
>> l'argent corrompt
>> l'argent n'a pas d'odeur

avec le temps
>> les métaphores et les amours
>> s'épuisent d'elles-mêmes
>>> et le verre enfoui dans la boue
>>> s'irise

it's been a long time since
      to drag the devil by the tail
      has had any metaphoric value

         fluctuating or fixed
         the price of a dollar
         is also a tautology

money circulates
money corrupts
money has no scent

after a while
      metaphors and amours
      die out on their own
         and buried glass
            turns iridescent with time

7

9 avril
        prends un mot
        un mot tel que Hudson
            et fais passer la rivière
            dans ce poème

        l'eau du fleuve a des reflets
            de ciel et de métal

il y a aussi une maison près de la voie ferrée

        et sous ma main
        une serviette blanche en papier
            ton initiale d'or
            froissée dans un angle

fais passer le fleuve sous le pont du chemin de fer

        dans les vitres du compartiment
        tu verras
            les girouettes sur les toits
                  un dauphin
                  une sirène
                  un Léviathan
            l'enseigne de la soupière noire

        et tu verras aussi
            les grands portiques
            les tours oxydées
            les fumées et la rouille

7

April 9
>take a word
>a word like Hudson
>>and make the river run
>>through this poem

>the river's water carries reflections
>>of sky and metal

and there's a house next to the railroad

>and under my hand
>a white paper napkin
>>your initial in gold
>>on a crumpled corner

make the river run under the railway bridge

>from the windows of the train
>you'll see
>>weather vanes on rooftops
>>>a dolphin
>>>a mermaid
>>>a leviathan
>>the sign of the black cauldron

>and you'll see
>>large gantries
>>corroded towers
>>smoke and rust

l'aube sulfureuse
d'Herculanum
(New Jersey)

que faut-il taire?

l'énigme est: sans réponse
                ŒDIPE
sans

        malgré des instants de clarté
        entre la fumée et les cendres
                et même plus les cendres
                et même plus la fumée
cela
        —c'est parfaitement clair—
avait également trait
                à la vie
                toi
                & ton regard
                :

                        beaux
                        oui si beaux
                        yeux grand

        OUVERTS

                                   sulfurous dawn
                                   in Herculanum
                                   (New Jersey)

        what must be silenced?

the enigma is: no reply
                    OEDIPUS
without

            despite instants of clarity
            between smoke and ashes
                          and even more ashes
                          and even more smoke
it
        —it's perfectly clear—
also had to do
                    with life
                    you
                    & your glance
                    :
                                   beautiful
                                   yes so beautiful
                                   eyes wide

            OPEN

YURI ANDRUKHOVYCH SET CHANGE
Translated by Ostap Kin and John Hennessy

ANTONELLA ANEDDA HISTORIAE
Translated by Patrizio Ceccagnoli and Susan Stewart

HAYIM NAHMAN BIALIK ON THE SLAUGHTER
Translated and with an introduction by Peter Cole

PAUL CELAN LETTERS TO GISÈLE
Translated by Jason Kavett

NAJWAN DARWISH EXHAUSTED ON THE CROSS
Translated by Kareem James Abu-Zeid; Foreword by Raúl Zurita

FARNOOSH FATHI GRANNY CLOUD

AT THE LOUVRE POEMS BY 100 CONTEMPORARY WORLD POETS

MELISSA MONROE MEDUSA BEACH

EUGENIO MONTALE LATE MONTALE
Selected and translated by George Bradley

CHRISTIAN MORGENSTERN THE GALLOWS SONGS
Translated by Max Knight; Introduction by Samuel Titan

ÁLVARO MUTIS MAQROLL'S PRAYER AND OTHER POEMS
Translated by Chris Andrews, Edith Grossman, and Alastair Reid

EUGENE OSTASHEVSKY THE FEELING SONNETS

CESARE PAVESE HARD LABOR
Translated by William Arrowsmith; afterword by Ted Olson

STEPHEN RODEFER FOUR LECTURES

AMELIA ROSSELLI SLEEP

THE TEN THOUSAND LEAVES POEMS FROM THE MAN'YŌSHŪ
Translated by Ian Hideo Levy

ZHENG XIAOQIONG IN THE ROAR OF THE MACHINE
Translated from the Chinese by Eleanor Goodman